UM LIVRO DE AMIZADES

FELIPE FORTUNA

UM LIVRO DE AMIZADES

POEMAS

Copyright © 2021 Felipe Fortuna

EDITOR
José Mario Pereira

EDITORA ASSISTENTE
Christine Ajuz

REVISÃO
Ludgero Barata

PRODUÇÃO
Mariângela Felix

ARTE FINAL DA CAPA
Equatorium Design

DIAGRAMAÇÃO
Arte das Letras

DADOS INTERNACIONAIS DE CATALOGAÇÃO NA PUBLICAÇÃO (CIP)
(CÂMARA BRASILEIRA DO LIVRO, SP, BRASIL)

Fortuna, Felipe

Um livro de amizades / Felipe Fortuna. – Rio de Janeiro, RJ: Topbooks Editora, 2021.

ISBN: 978-65-5897-010-1

1. Amizade 2. Poesia brasileira I. Título.

21-89283   CDD-B869.1

TODOS OS DIREITOS RESERVADOS POR
Topbooks Editora e Distribuidora de Livros Ltda.
Rua Visconde de Inhaúma, 58 / gr. 203 – Centro
Rio de Janeiro – CEP: 20091-007
Telefax: (21) 2233-8718 e 2283-1039
topbooks@topbooks.com.br/www.topbooks.com.br
Estamos também no Facebook e Instagram.

SUMÁRIO

[SENTIMENTO]

Amizade, Essa Disciplina 13
A Seleção Natural 15

[DIZER AOS AMIGOS]

Eu – e Roberto Piva ao Telefone 19
Machado Escreve a Nabuco 21
Drummond Conversa com Mário 23
Uma Carta que Sumiu, de Pessoa a Sá-Caneiro 25
Uma Carta que Chegou, de Sá-Carneiro a Pessoa 27
Dedicatória de Manuel Bandeira a Jayme Ovalle 29
Borges e Bioy 30
Montaigne e La Boétie 31
Blanchot Recorda Bataille 32
Boswell e Johnson 33
Eliot Recebe os Cortes de Pound 34
Max Brod Interroga 36
Engels no Cemitério de Highgate 37
Scholem Escreve a Benjamin 38

[LER OS AMIGOS]

Bentinho, Escobar 43
Diadorim Fala com Riobaldo 45
Aquiles e Pátroclo 47
Orestes Diz a Pílades 48
Hamlet Diante de Horácio 49
Huck e Jim 50
Sherlock e Watson 51
Bouvard e Pécuchet 53
Quijote-Sancho 55

[PRESENÇA]

De Amicitia 59
A Praia que o Escreve 60
Põe a Culpa no Estácio 61
Pegadas 63
O Lance 64
As Gavetas 65
A Gota 67
Cartografia Celeste 68
Os Negócios do Mar e da Terra 69
O Espelho e o Diamante 70
A Palavra do Senhor 71
Palco 73
O Lote Seguinte 74
A Letra da Lei 76
As Pontes 77

Todas as Cidades 78
Livros no Topo 79
Os Garotos Magros 81
Controlando a Mímesis 82
As Lembranças Sorrateiras 83
A Cidade Natal 85
O Momento de Brasília 86
O Válido Palimpsesto 88
Caminhos do Mapa 89
Amizade-Alvoroço 90
Poema de Muitas Faces 92
Assim o Vejo 94

[*Sentimento*]

AMIZADE, ESSA DISCIPLINA

Amizade, essa disciplina
cáustica e emoliente
atraente na têmpera
bisotada, mas perfurante, tensa
com elegância sem dor
sem náusea, sem quinas
a perguntar o que faço.
Mastro de onde se vê
seja o que for.
Segredo, ardor de companhia,
dose estupenda de atenção
o número ímpar a buscar
sua dimensão entalhada
aberta em um jardim.
Orquestra subterrânea
lentíssima demolição
do que pretendi afirmar
e abro, a me contestar,
um caminho melhor e rápido
ao desvio e à foz.
Incisão, ferida feita, corte
que nem arde, mas corrói,

veia trazida de longe
batimentos, interjeições.
Ouro friccionado
sem precisar de garimpo
sem buscar mediação
entre o sol e a pedra.
Alerta, chio de bicho,
coisa moída a doar
matéria que se masca
para ser repetida.
Inverso do tédio
veludo a ser imitado
a órbita preferida
para um novo trânsito.
Solstício e equinócio
tudo fazendo estação,
rubor das plantas aquáticas
reflexo na porcelana
concha deixada no mar.
Aparato de uso incerto,
metro de medir retorno.
Coisa que sopra e dispersa
e afoga de novo, sem pressa,
losango de furta-cor
bordado, mas assimétrico.
Traçado de estrada no vale
sobre o terreno comum.
Um só abraço, e tudo
contém o mesmo futuro.
Amizade, palavra e voz.

A SELEÇÃO NATURAL

Amizade, não para todos:
só quando existir virtude,
recíprocos olhares, e uma forma
sublime de empolgação
capaz também de abraçar.
Amizade que é útil
sem escorrer, sem mendicância:
que se fez sua, enorme e cheia.
Nela encontrar prazer
dunas que fazem a praia
e a ilha toda
habitar.
Fazê-la acaso e excelente
e nunca encontrar solução.
Deixá-la à mercê, sem prodígios,
e depois repetir
seu nó diário, incontido.
Amizade que cria um sistema
de geometria sem ângulos, um passe
ao plano íntimo do descanso.

Lembrá-la a partir do tronco
e esculpir na sua casca,
a canivete, a conivência.
Amizade que irradia
sem acidentes: uma rotina
feita de telhas desiguais, irrepetíveis,
surpreendentes.

[*Dizer aos amigos*]

EU – E ROBERTO PIVA, AO TELEFONE

Atravessando o Trianon
vendo as suas pegadas ainda acesas e próximas
às de centenas de rapazes
aglomerados como gritos e chutes,
recordo isso – os telefonemas
baratos e matinais
que me atingiram no Rio de Janeiro
e neles a sua voz alta, enfática
às vezes mentirosa e por princípio exagerada
me informando sobre tempestades
e o céu de sol a pino da sua poesia,
tudo brigando por luz.
Eu entendi boa parte:
o xamã desbocado já desperto
o soco barra-pesada de um segredo,
e o mais que você digeria
– não importa se aço ou pedras
pedras quentes sempre preciosas
e matéria do seu corpo.
Quem é o Ganimedes
nessa conversa desaforada,

eu que nunca o vi de perto
e de longe o via a rir do mundo
e a apanhar muito?
Precisa me convencer
de que nesse mundo é tudo Gregor Samsa,
a mãe, o pai, a irmã
a família como um reboco
sem acabamento
só mesmo um reboco na sólida parede
e o que me interessa de fato
são os vitrais
os pontos luminosos que guiaram
os seus versos biliosos, faiscantes
puxados à força da vertigem final,
os seus versos que não jogam fora
– um depois do outro vão entrando
com dor e violência.
E, ao telefone, você
almeja, faz de si mesmo o assunto
mais facetado do planeta.
Depois de sua voz
restou um retrato desenhado a nanquim
com as devidas manchas:
seu rosto irreversível
que enfrenta o fim da ligação
e deixa um som de caos a respirar.

MACHADO ESCREVE A NABUCO

As cartas nos acenam, e nas dobras
do papel que recebe essas palavras
vão afetos tocados pelos livros,
pelas ideias jovens que tivemos,
pelo país tão quente e traiçoeiro
onde nos cabe a vida a espreitar.
V., tão viajante, me alicia
a revolver, nas ruas que conheço,
corpo e alma de quem guarda segredos
(e sobre os quais escrevo e já suspeito).
Vivemos transições, e os dois sofremos
os tiros mais noturnos: tempo ocluso
aos povos, aos regimes, aos comércios,
tudo feito de fatos e impressões
onde eu o encontro, em aula diplomática,
a me arrancar da terra em que cresci.
Mas nenhuma certeza me envolveu,
nem gagueira ou tremor, nem ironia
resolveram moldar-me de outro jeito:
devolverei a Londres o mais denso
nevoeiro que houver de me turvar.

O meu exílio imóvel me acostuma
a ser, dentro de mim, itinerante,
e a rir de quem me sente longe e dúbio,
pois volto com memória, e sem rompantes.
Aceite o meu abraço e o epitáfio,
que o ônus de viver vai esculpindo
pequenas despedidas, e mais cartas
com as quais me consolo de outras perdas,
dos livros que não li, e de quimeras.

DRUMMOND CONVERSA COM MÁRIO

Houvesse outro país dos Andrades
desceríamos juntos ao Inferno
notívagos como Orfeu a falar alto,
almas brasileiras desassombradas.
Você, que espalha cartas sem dormir;
eu, que me contenho nos retratos
e abro envelopes para lhe mostrar.
E essa festa de remetente e destinatário
na qual montamos um país que fica em pé
e pedimos bis.
          Também é festa
de dedicatórias repetidas e sinceras
pelas quais olho de soslaio e vigio
leiteiros, moças-fantasmas, atrizes,
minha família e o bonde que perdi.
Você de ser fraterno não cansa,
um riso que me ronda quando erro
de paixão e de propósito.
Pega chuva
por mim e por todos que lhe roubam
horas e horas de muita perquirição.

Você que lê, escuta e vê, e escreve e canta
e tudo arrebata
além-Pauliceia, todos os andares
de onde prova o Brasil e faz discurso.
Amigo de constância e de aflição
a me mostrar qual Brasil me falta
(porém, mais tarde, apenas sei
atravessar a sala da sua casa paulista
onde nunca pisei mas me abraçam),
e nele ficar, permeável e em silêncio,
tratando de quem sou, pois recebi
outra carta do amigo, o sol tinindo.

UMA CARTA QUE SUMIU, DE PESSOA A SÁ-CARNEIRO

Enquanto para si não se sabe quem é,
tenho comigo a incerteza de muitos,
troncos inteiros dos quais me sinto
todos os galhos.
               Mas importa você
em cartas que expelem gasolina e Paris
e tudo o que acaricia
antes de estourar.
Há muitos modos de falar de você
e quero tocá-los bem: o nó górdio
é a sua linguagem, o palco
de *folies bergère* das sensações.
A sua confissão faz bem a mim, mas
hoje, falho de si, sou dois a sós.
Sei que ainda está aí
engordurado a me olhar de soslaio
e cada carta sua traz tantas perguntas
quanto as que eu lhe faço:
cruzamos juntos, embarcados,
esse canal entre oceanos onde divago
sobre água-marinha e a mãe que lhe faltou

e para sempre o fez o mais desumano
e o mais querido amigo,
o mais introvertido a me olhar para dentro
de todos os que eu sou.
Fumaças que sopraram, ópios e cânforas
na minha vida e na aurora natimorta
que você fez de si, com decisão.
Saúdo o morto
e me costuro à pele que se vai
do amigo enorme que a falar amamos,
eu que junto a você
fui ainda mais do que fingia ser.

UMA CARTA QUE CHEGOU, DE SÁ-CARNEIRO A PESSOA

Por não ser eu mesmo e por
ver que o Outro já vai longe,
mando cartas ao amigo
sem tomar anestesia.
Gostei da beleza errada,
essa que servem mais tarde:
supliquei e corrigi
os versos que me cabiam
e mais os que me acabaram.
Fiz garranchos, fiz rascunhos,
e tudo foi no envelope:
o meu pedaço de seda
a brilhar entre farrapos,
indícios de ouro que eu medro
se preciso garimpar,
pois cavo sonho e fumaça
e meu assunto é cansaço.
Na *Amizade* que compus
encontrei um suicida,
e agora não viro a página,
busco horóscopos, passeios,

no espelho encontro *sui generis*
um rosto a me examinar.
As sensações me derrotam
só de entender os seus versos
e buscar aperitivo
entre cafés e Pigalle.
Aviso que não vou bem:
a poesia já feita
por tédio ou por desespero
não vai além do que eu peço,
e Orfeu chegou ao *inferno*.
Queira-me bem, meu amigo,
ficarei longe de mim
do jeito que eu decidi.
Tudo é defeito ou veneno
na mesma caranguejola
que escrevo e deixo passar.
Considere se há mais tempo
de enviar-me opinião
ou se o postal que promete
consolaria a si mesmo
na primavera sem número.
Preciso que me examine
cheio de raiva, daninho.
Eu sou mesmo o Sá-Carneiro
que agora se encontra sem.
Adeus, abraços, saudades,
visitas que não farei,
asas que o voo estancou.
Repito: queira-me bem.

DEDICATÓRIA DE MANUEL BANDEIRA A JAYME OVALLE

No mundo, o que vale mesmo
é ritmo, meu irmãozinho.
Então eu o abraço muito
com meus batimentos cardíacos.

BORGES E BIOY

São tantos os livros, as vidas
amalgamadas e as ironias,
tantos os pressupostos,
os casos que não lembramos,
os nomes falsos que divertem,
as anedotas de impossível decifração:
seria um exagero ainda depender dos sonhos.

Entre nós há mais do que um abraço
antes da hora de jantar. Há um vulto
que escreve as nossas frases,
em confiança, como se transportasse sem cansaço
o trabalho de todo um dia.
Passeamos entre bustos nos parques
(os parques mais infinitos) e paródias
que frutificam. "Nunca estaremos sós",
eu já lhe disse, enquanto discutíamos
a origem sacra de uma palavra.
Fazemos juntos a invenção
de um dia todo noturno:
simbiose de Borges, onde seu nome resiste,
e memória de quem sou, não importa se outro
ou se eu mesmo.

MONTAIGNE E LA BOÉTIE

Porque era ele, todas as frases
que pairam sobre mim se iluminaram:
em cada palavra sua
havia um rosto, e o hálito
me trazia mais notícias sobre a vida.

Quando eu o perdi
perdi o quando:
paralisado como se não tivesse olhos,
não haveria mais abraços
e, sem ele, eu mesmo me torcia.

Porque era eu, todos os dias
deverei pensar nele de viés,
como pela sombra me dirijo à montanha.
Muito imponente, ele me espera
pois, juntos, a vida toda fez sentido.

E por que você?

BLANCHOT RECORDA BATAILLE

Graças à morte
posso recordá-lo.
Só mesmo você
tão indiscreto
o mais livre para conhecer a si mesmo.
Amizade sem testemunha
que se afirmou por estranheza e livros,
uma fissura, uma via cúmplice
por onde víamos.
Amizade que é companhia
e faz a festa. Que não tem mal súbito
e permanece, em sua heráldica,
gravada na parede principal da casa.
Mesmo o silêncio de quem vê a imagem
compreende.

BOSWELL E JOHNSON

Excelente companhia, um deles dizia,
e atento compilava as palavras
dessa amizade-dicionário.
Essa forma de amor que irradia
paixão de conversar e caminhar,
de aceitar o que se diz como na lápide:
não a última palavra,
mas a opinião.
O amigo é uma demanda,
um banquete servido com vagar,
uma viagem de gestos e de olhares,
uma nova religião.
A amizade é um rosbife, a carne
nutre a vida que persiste, vence
a náusea de ser um ao outro uma rotina.
Não tem capricho nem acaso,
conta uma anedota
e faísca uma emoção:
não há qualquer risco de explodir
nem medo de dissenso
nem sombra que os afaste de um abraço.

Um bem paradisíaco, um deles rima,
enquanto o outro não se lembra
de já ter sido feliz estando só
ou com mais ternura e tanta diferença.

ELIOT RECEBE OS CORTES DE POUND

Vou sendo corrigido.
Vou sendo passado a limpo.
Uma tradição
traduz a outra: nossa mudança
busca outras vozes, sempre nossas
e outros países, nossos solos.

Somos cada um o exílio do outro.

Seu verso agitado como os cabelos.
Sua energia no zênite
derruba paredes no quarto em que você fala
e no mundo que as palavras alargam.
Os nossos mundos
são novos e velhos, extensas fazendas
onde flores brotam bichos
e ali já houve guerra, a do século XVI?
Mas agora germina o edifício
da cidade gerada por nós.
Vêm de Veneza ou de Londres
potentes construções que parecem ímãs

e tudo o que é permanente
cabe em nosso abraço de esgrima.
Trocarei as palavras
do meu sermão de fogo,
mudarei a ordem
das palavras em vão,
recusarei o hotel, se preciso for
e atravessarei a rua de um verso sem faixa,
cego como Tirésias
muito obrigado, muito obrigado
pois você também me ensina, docente
em transe, irradiante, tenso,
que um poeta perde a visão.
Adeus, ecos! Adeus, estribilhos,
onomatopeias e clavículas.
Quantas rasuras essa amizade sustenta!

MAX BROD INTERROGA

Por que morrer nessa casa
onde o sangue cuspido
o apaga? Por que falar do medo
como se houvesse janela
para deixá-lo lá fora?
Por que tentar ir embora
se a roupa que o veste, o chapéu
que o assinala enquanto cai a neve
anunciam que você, Franz Kafka,
gosta muito de hora marcada?
Faz meses que velo o corpo magro
e suas palavras de escárnio,
duras como as escutei
na máquina de escrever.
Um burocrata não poderia ser mais equivocado.
Quando você dormia, escutei
o que faltou saber. Agora
cuidarei ainda melhor do amigo:
vou traí-lo.

ENGELS NO CEMITÉRIO DE HIGHGATE

A morte lhe deu uma posição
antirrevolucionária: você
estava só e a sala desmanchou-se
em torno à sua absoluta poltrona.

Perdeu-se quem descobriu e explicou:
quem viu os corpos saídos das minas
iguais àquilo mesmo que extraíram,
e as órbitas fatais que são rotina.

Agora nos jornais e nos panfletos
não tratarão do proletariado:
o seu retrato ao centro informará
novas notícias e novos países.

Assim será o amigo que acabou:
um corpo que jaz sem qualquer protesto
no mundo que jamais poderá ser
reduzido à vida material.

SCHOLEM ESCREVE A BENJAMIN

Seguro a mão que escreve
sem cinza ou religião:
o tremor que pressinto
é seu e meu, diapasão
      de um suicídio.

Não há fraude entre nós,
nem palavras sem motivo:
estamos sós e a salvo
nessas cidades que são
      feitas de livros.

Mas soldados suspeitam,
o medo monta armadilhas.
O esgoto a céu aberto
já encharcou seus sapatos,
      e pega fogo.

Na rua de mão única
dessa Europa enlouquecida,
algum plano de fuga?
discute-se o sionismo?
    move-se a luta?

Ou na fronteira aguarda
sua cabala fatídica
que o deixa longe e sem
o bem que eu mais lhe daria:
    Jerusalém.

[*Ler os amigos*]

BENTINHO, ESCOBAR

Essa história de dois homens,
essas luzes de sala de jantar
e um quarto ao fundo, surdo e mudo.
Essa lembrança a sorrir lembrança,
esse abraço que foi mal dado
e agora balança no mar alto.
Esses olhos fugitivos que um rapaz
reconhece ao alcance das mãos:
esse calor mais próximo, ferro-gusa,
nervura exposta de um verão,
mas que forja o sono das famílias.
Essa casa assim disposta
que não tem habite-se nem sossego.
A minha alegria acordava a dele
e esse corredor que atravessamos
para chegar à praia alheia,
                         à margem
das areias que fazem e desfazem.
Esses silêncios também, que apalpam
os braços que nadam, os braços
que faltam.

E esses movimentos das ondas
que arderiam como águas-vivas se vissem
de fato
quem exibe o rosto do afogado.

DIADORIM FALA COM RIOBALDO

Amizade haveria até em outra língua,
pois, se mudo de nome,
só lhe peço que me traduza
em mais delicadeza.
Dei sete voltas só por isso:
para dizer o que amo e não amo
e para falar sem pressa,
pois assim guardo mais tempo
a vida comigo.
É uma vida que tenho e não tenho
e é como atravessar um rio:
a correnteza tão funda quanto
o mais escuro das águas.
A minha mão, sim, oferece certeza
(embora trema aqui
por um minuto de afeto).
Nós dois
seremos uma alegria em brados,
assim como nasce um segredo.
Os canos das espingardas,
a faca em riste que atinge,

tudo filtra em sangue
outra hemorragia.
E o guerreiro perde um prêmio
todos os dias.
No relume das brasas
e com verdor nos olhos
sei bem do seu rosto a me perseguir:
mostra a luta dentro da gente,
que faz tudo doer
e é melhor assim.

AQUILES E PÁTROCLO

Companheiro, camarada, primo: nenhum
nome conterá nosso destino
mais do que o nosso olhar campal, nossa
pele estampada em abraços e sangue
e nossas armas, que sempre serão
os mesmos corpos em perseguição.

Nós fomos deuses que morreram cedo.

ORESTES DIZ A PÍLADES

Aperto o seu braço, Pílades, como quem
no oceano já se foi. Preciso
até do seu silêncio, igual
ao que toca as algas. As correntezas
me lançaram como um sol na praia,
e você me olha, jovem como eu,
fôssemos os dois fortes e eternos.
Nossa amizade de vida e morte.
Você que se cala, mas é o vigor da lâmina.
Você que não impede, antes atiça
o golpe mais difícil e odiado.
Você, sentinela e cúmplice,
que aponta um só precipício para nós dois:
lembra a existência dos deuses
e calmo soletra a minha próxima ação.
Não existem mais os dias frios e os dias quentes:
no deserto, as duas dunas se movem.
Você, meu amigo e amigo da vingança,
voltará comigo à mesma cidade,
mas não haverá festa:
o mesmo deus sopra com entusiasmo
e celebro estar ao seu lado.

HAMLET DIANTE DE HORÁCIO

Enquanto, lado a lado, você for testemunha,
estarei seguro e seguirei.
Planos de vida agora caminham
sobre o piso de mármore onde escuto
passos de vingança.

Meu bom amigo, vejo tudo,
os dois olhos examinam
a superfície rasa dos que mentem
e a mais funda, oceânica traição.

Enquanto houver
a sua palavra sem nódoa e sem tremor
eu serei quem sempre fui, embora outro,
e ambos escutaremos o que a morte diz.

O dia não termina sem medo
e a noite não torna mais fácil a visão.
Você é o mesmo do que ter certeza.
Assim o abraço, em confiança.

HUCK E JIM

Nossa virtude: encontro e fuga.
Acordes que vão longe
e descem o rio cheios de si:
pelo prazer, contra a corrente,
de evadir.
Nas mesmas águas
em confiança: assim batizamos
uma liberdade, uma agitação
de suor e torvelinho.
Nem medo nem raça:
nenhum grito separa
a hora desabalada
de sair pelo mundo,
que sempre nos aguarda.

SHERLOCK E WATSON

Parece brincadeira se eu pergunto
qual dos dois amigos sabe muito?
Um busca mais, o outro é profundo,
um deles deduz com clarividência,
o outro vê hipóteses à beça?
O amigo só pergunta, enquanto conjecturas
sobem com a fumaça do cachimbo
(que o outro limpa e joga fora
assim que nova pergunta o transforma?)
Os dois dizem muito de si mesmos,
siameses que são no repetido enredo.
Mas um deles infere e faz troça
e aquele ali percebe e elabora. Outra
vez o raciocínio vai à forra e ousa
buscar no espelho alheio uma resposta.
Em ambos a razão nutre uma planta
que os envolve e, carnívora, os ameaça:
seiva demais a fluir em uma só jornada,
leitura de jornal no qual o crime
se escreve atroz em palavra cruzada.

Os dois se abraçam, mas não se tocam,
os olhos pairam em secretas passagens.
Esses amigos nunca ambíguos no mistério,
que unem as pontas na mesma sala,
agora querem perguntar-se, à luz mortiça:
um dia um deles também vai assassinar?

BOUVARD E PÉCUCHET

Como explicar um dia como o outro?
Como entender, no corpo, esse fervor

que insere nossos nomes nos chapéus
e pede que busquemos, *pari passu*,

o que a ciência quer, mas ignoramos?
A amizade é um bem audacioso

- que sai dos escritórios e derrama
um dom que nunca os sábios alcançaram.

O acaso faz amigos no verão
e a fábrica das mãos aperfeiçoa.

Não vamos desistir dessa aventura
de lugares-comuns a passear:

uma quase-paixão, teor mais íntimo,
nos deixa a soletrar fora do tom,

entrega no caminho o seu desvio,
e tenta uma invenção no que já foi.

Podemos acertar, e proceder
como quem goza a vida para sempre:

os ventos que cruzaram são a nossa
vontade de tecer fibras secretas.

QUIJOTE-SANCHO

Viemos compartir nossas loucuras,
pois a vida sem sustos não atura
um minuto sequer desperdiçado
em tédio, em dor, em ódios disfarçados.

Amigos somos, mas o alerta existe
para gerir o bem das vidas tristes:
eu sou um cavaleiro, e sigo adiante,
seguido por você e meus rompantes,

gordo escudeiro em quem tanto confio,
a me acudir em vilas e delírios.
Os dois talvez busquemos outro mundo,

palco de muita glória aos vagabundos
que a cavalo passeiam à vontade
no solo movediço das verdades.

A parceria é mais do que o projeto
de encontrar Dulcinea e seus afetos:
às vezes somos cúmplices de tudo,

e andamos como doidos tartamudos
que preferem contar o dia inteiro
como o destino quer nossos roteiros.

Não importa saber demais na vida,
pois tudo o que é real abre feridas:
nossa amizade, emplastro que consola,
não quer nem cornucópias nem esmolas:

ela se basta, em suas fantasias,
e acende em nós fraterna epifania.
Montemos outra vez nessa aventura
e, em dupla aceitação, nessas loucuras.

[*Presença*]

DE AMICITIA

Seu abraço me ensina.
O corpo cúmplice saúda
com tudo o que tem:
aqui o sinto com força e suor,

aqui me pergunto e sou refém.
Vou seguir esse amigo
que sabe soletrar
em sua contemplação.

Estou no seu futuro. Ele
basta acordar
e já sabe o meu nome.
Enfrento o seu rosto

e as suas palpitações.
É ele quem me quer, o seu calor
todo infiltrado, e agora sai de casa
até o encontro.

A PRAIA QUE O ESCREVE

para Adriano Espínola

Ao longo dessa praia, que ao futuro
doa mormaço em brilho prematuro,

segue você, também de areia feito,
soprando ao vento o vento que é preceito

de quem peneira a luz do sal: rajadas
a imprimir no corpo águas talhadas.

E o vento Aracati, que tudo agita,
o faz mover-se mais nessa infinita

vontade de juntar sertão e mar
que em trânsito precisam se infiltrar.

Iracema, Ipanema, sol e saga:
a praia que o escreve nunca apaga.

PÕE A CULPA NO ESTÁCIO

para Alvaro Costa e Silva

Rio de entorpecente
Janeiro. Postal
da cidade em Arcos tráficos
da Lapa. Maravilha.
Bela, a bem da verdade.
Bala perdida à beça
toda favela à mostra
malandros de rapina
e a cidade-bagulho
em posição fetal.
É meio às escondidas
e sem licitação:
o buraco e o bueiro
Madureira, polícia
igreja e feira livre.
Rio de a quantas andas
o bicheiro famoso
ou não há carnaval.
Na praia, à solta, o pau
de selfie se lambuza
com as caras-metades

de dengue, de chopinho,
de a gente está sarada
fora do hospital público.
Linha Vermelha alerta,
Linha Amarela em pânico
cagaço, cocaína,
no meio do caminho
uma blitz me aloprou.
Vamos a esmo agora:
Floresta da Tijuca
noves fora, Paineiras,
todos os corpos morro
abaixo e mesmo assim
dizer bem desovados
por capangas mamíferos
agentes da lei-cachaça.
Sanctus dominus deo
tá tudo dominado.
Lasciate ogni speranza
ó botequim aberto,
não tem coisa pior
do que turista à toa
e vacilão e bicha.
Os subúrbios agridem!
Chama o Honório Gurgel!
Chama o Rio de Janeiro
de Piedade e mulher.
Toma na cara mesmo,
vê se aprende a ser gente.

PEGADAS

para Ana Cândida Perez

Gerações passam pelas praias,
mais numerosas, creio, do que as ondas,
e também avançam e voltam
com volutas para o fumo e para as pranchas.

Mais imprevisíveis e mais douradas
são essas gerações que chegam à margem,
e o sol calcina o gesto mais alegre
das suas palavras.

Mas há (ninguém lembra) praias noturnas
de algas hirtas e fundas, praias de riscos
que agitam, em vez de corpos, as almas
arenosas em sua procissão.

A linha do mar nunca alcança,
a maresia sopra lenta e certa,
ninguém vê farol a reclamar
um horizonte muito breve.

O LANCE

para Antonio Carlos Secchin

Aqui escrevo, com letra firme
uma dedicatória
mais verídica do que protocolar.
Um dia
todo o livro perderá
seu brilho fraterno e encadernado:
um preço inicial
ficará preso à costura, escapando ao refile,
e lance a lance
(conformado à complexa fama)
subirá à estante alheia,
distante aos nossos olhos fechados.
Ainda assim
terei deixado em cursivo
o mesmo impulso
que me fez escrever o livro impresso.
Espero que entendam, no arremate,
o quanto fiz e o que se leu
enquanto o martelo bate o fim do dia,
que outra página dobra.

AS GAVETAS

para Antonio Cicero

As nossas considerações mais duradouras
por vezes deixam o poema,
pousam na prosa:
                e, nela, a brotar
deixam o verso e enunciam, postulam, expõem
premissas como quem legisla.
Nessas horas é preciso guardar
o peso de cada palavra
em gavetas equívocas, mas exatas
no seu jeito de abrir
e de ranger.

Feito Horácio, misturar loucura
à mais lúcida sabedoria,
e perguntar porventura: *Mas o que fazia Horácio
naquele mesmo dia?*

E assim seguir, pulando ondas,
trazendo abraços, lendo no asfalto
tanto o poema quanto as aporias,
então ressuscitando em cada poro

da cidade e dos livros
um discurso que já não havia,
mas agora reluz, ainda frágil,
comunicando invenção.

A GOTA

para Claudia Roquette-Pinto

Se na ponta
dessa flor
equilibra-se a gota
(precária porção da madrugada)
é porque a gota
encontrou no vasto
território da pétala eriçada
um só momento
tocado pela luz e pela forma

antes, bem antes
que o seu olhar,
flagrando-a com calma,
também evapore.

CARTOGRAFIA CELESTE

para Claudio Raja Gabaglia Lins

Será necessário, sabia? descobrir
o preciso dia em que se definiu
o zodíaco.
O mundo mal conformado, as leis
ordenadas em jaulas sujas,
a noite sem olhos de um estupro:
tudo precisa explicar-se
por essa conjunção
que ao fim é derrota, e desgasta
cada dente, a seu modo.
Todos os elementos se transformam
e somem perplexos:
a pedra ardente,
o líquido salobre, o solo
a cultivar com extintas sementes
e o sopro que vem do mar.
Na escuridão, confinados,
os desejos lançam
armadilhas de pele.
E a geometria de trígonos, cúspides,
sensatas quadraturas, centelhas
de um sextil que indicam luminosamente
não ser possível voltar.

OS NEGÓCIOS DO MAR E DA TERRA

para Dercival Capodeferro

Aqueles que o veem, sempre a caminho
de um dia submarino,
sabendo que negócios são negócios
e algas e conchas não procedem
entre guelras e olhos vidrados
e cardumes que cintilam corrosão,
mal conhecem o salto de Nijinsky sobre a terra
o pouso de Guillem e a decolagem
de tantos braços tantas pernas e coriscos
de corpos interpostos e fastios.
E nem sabem da galáxia
de livros que supõem *otra mirada*
de versos que garantem
el mar es un olvido
ainda que seja você, sempre a caminho
de um dia submarino.

O ESPELHO E O DIAMANTE

para Domício Proença Filho

A língua portuguesa, que trabalha
seu latim infinito, esmerilhado,
vai polindo um espelho de quem somos
nas faces do diamante, a cada golpe

forte ou sutil, em lúcida beleza.
Nele faíscam mais do que palavras:
são fagulhas do incêndio diuturno
que soldam, no poema, a invenção.

A PALAVRA DO SENHOR

para Gabriel Perissé

Deus criou o feminino papisa
palavra bela que rima com brisa
e sopra onde quer.
Não dobra até o fim a relva
nem quebra os altos galhos.
Não provocou o terremoto de Lisboa.
Deus também criou o masculino papa
palavra robusta, enraizada
cuja rima desenha um mapa
das humanas aflições.
Tantas santas higienizam a mortalha
outras tantas permanecerão de joelhos
sem oficiar missa, apenas conhecendo
as orações até o fim (o que inclui a vida).
Por isso a palavra papisa cria cica
na boca de quem reza, e a criança se espanta
de existir na Criação aliá, faisoa, arará, jabota
e a cerva de Deus e a grua, a lebre, a javalina
que passam no esplendor e em santidade.

E assim, ao vê-las tantas,
resume-se em mudez aquela dúvida
e torna-se infalível uma pergunta:
que outra bênção, que outra palavra
um papa precisa?

PALCO

para Gerald Thomas

Existiria algo
mais incisivo do que
um palco?
Lá onde o ser humano
olhe do alto
do seu ato de representar
seu sobressalto?
E logo soubesse
o seu gesto intacto?

A luz sobre o rosto,
o corte no diálogo,
a música e o ator
a marcar passo a passo
o seu enlace,
o olhar e a voz
que vão alcançar rápido
o que vai além do espaço?

Em que silêncio o acho?
E onde fica esse palco
em mim multiplicado?

O LOTE SEGUINTE

para Gustavo Guimarães

Um leilão a mais, uma tarde
a buscar oportunidade:
um móvel antigo, de rádica,
uma pintura rara e abstrata;
cristalinos bichos de acrílico
que trazem luz e algum lirismo;
a coleção que vem completa,
sem mofo, com fotos da época,
e uma gravura que deu fama
ao doutor que mudou de ramo.
Só não levarei maresia
de uma praia de antigamente,
onde meu corpo irradiava
ondas contínuas, insolentes,
combinando-se às águas-vivas.
Tampouco vou comprar de volta
a cidade que tudo fez,
que tudo arrumou de um só golpe.
Sobraram apenas cardápios,
guias sentimentais, as ruas
onde estavam quartos secretos,

nomes repetidos a seco,
gerações, esquinas, cinemas,
poentes no Jardim de Alá.
Nada passeia nem me chama,
e o lote seguinte surgiu.
Não quero mais arrematar.

A LETRA DA LEI

para Haroldo de Macedo Ribeiro

A letra da Lei
esfinge sem sorriso
indica Kelsen ou Kafka?
Vem a letra em negrito
ou em livre coloratura
a grafitar em todos os muros
a Justiça em agudo sem jaça?
Até na praça da Liberdade
há limites, sinais, faixas
um momento para fazer a ronda
outro para atravessar.
Os quiosques sempre acesos
não importa em que manhãs.
As moças sem *justae nuptiae*
seguem para o trabalho.
E os senhores sem cartola
não perdem uma mesura,
apressados para sorrir.
Tudo sem exagero: apenas
na ordem do dia
andar e prosseguir, ainda que custe
interpretar.

AS PONTES

para João Alfredo dos Anjos Junior

Essas pontes sobre o rio
(como veias de uma história)
acabam sendo melancólicas
quando alcançam a rua da Aurora?
Há mesmo a rua do Sol
e tanta luz que vem de trás,
farol alto a sobressaltar
a calma do cais e o mais que há?
É muita memória, e a rua Velha
também tudo atravessa
e exige moderação.
Esses poetas que olham as águas
(mas há quem lhes dê as costas
pois sabem tudo por dentro)
relatam heróis e famintos,
sabem de cor os conflitos,
perguntam às revoluções
se voltarão a ocorrer
e se alistam de madrugada.
É um lugar feito de esquinas
onde o vento soube fechar-se,
como o último trem que sobe:
nova ponte a se lançar.

TODAS AS CIDADES

para João Marcos Senise Paes Leme

As cidades serranas
as paisagens arbóreas
o vento afiado que surge
e resvala na montanha sereníssima
– tudo indica, já no início
do dia radiante e tão preciso,
que não se deve mais sonhar:
tamanha lucidez, mesmo na queda d'água,
indica um mundo melhor, em pedra
preciosa, que faísca a toda visão.
Há que se considerar, no entanto,
as cidades praieiras
para onde corre qualquer chuva
cujas nuvens trazem ao mar forças iguais
às ondas que escutamos,
com seu ritmo sem perguntas.
Como um farol, cada uma dessas cidades
informa sobre os seus perigos
e confirma, em flagrantes, com destreza,
a sua permanência.

LIVROS NO TOPO

para José Mario Pereira

Ali, perfilados, por vezes enviesados,
organizados, mas sempre ao acaso
do exame que acha um percalço,
um cadafalso quando folheio,
ali os livros que leio me apontam
um céu sob os meus pés e um alto
firmamento.

Livros no topo me sibilam,
livros ao rés do chão me precipitam,
livros em pilhas
ampliam o espaço que eu mereço:
na noite consagrada a lê-los (longa
noite que brilha comigo em seu segredo),
esclareço.

São versos de memória e são conceitos,
são páginas lembradas, nomes a esmo,
citações que tudo explicam, alusões
sem medo e sem limites quando abro
ou fecho a vida encadernada em que me fiz:
um índice onomástico
no qual me vejo.

OS GAROTOS MAGROS

para Luiz Carlos Diniz

Fica na infância
naquele canto
uma forma feliz:

um chute na bola
um apelido
a bagunça das correrias

os jogos em que os corpos
fazem parte.
Foi tudo trocado

por um missal
e relações internacionais?
O esconde-esconde

não acaba jamais?
Cabra-cega vai durar?
(a memória

entrega um diamante
que para sempre
risca).

CONTROLANDO A MÍMESIS

para Luiz Costa Lima

A imitação paga um preço
quando se vê a si mesma:
camaleão cuja pele
segue a paisagem de dentro.

Mais tarde, lagarto esperto,
a cor do espelho elabora:
então pula para fora,
com simetria de invento.

AS LEMBRANÇAS SORRATEIRAS

para Márcio Fagundes do Nascimento

As lembranças sorrateiras
da nossa acesa cidade
(tenho certeza) encadernaram
com nervuras e dourações
um livro extra, inesperado
que lemos rentes ao sol
do largo da Carioca.
Livro que, como eu fazia,
chegava a Santa Teresa
passando por arcos da velha
e becos de *Quincas Borba*.
Ali estão risadas nossas,
ferinas como um zoológico
sem temer vingança ou sina,
na fresta da observação
sobre quem acena e passa
a uma esquina retinta.

Mais tarde, diplomacia:
porém, de tal forma aprendida
nas placas de nossa cidade,

que restauramos mais livros,
conjuntos de folhas soltas
sem garantia de ordem,
ou mapa ou cartografia
a definir que arquipélagos
nos vestem com ternos escuros.
E repetimos com Proust
infinitos e leituras,
pois o tempo repagina.

A CIDADE NATAL

para Mauricio Lyrio

A cidade natal
ensina a matar:
nela, as famílias
correm com vertigem
os jantares, os encontros
feitos de esconde-esconde,
de pigarros semimortos
que exigem atenção.

Uma cidade prestes a –
riscada de cruzamentos
e rezas trazidas com raiva
à faixa de pedestres.
É nela que o amor escapa
com violência e se converte,
estátua náufraga em grafites,
no som de um tiro.

O MOMENTO DE BRASÍLIA

para Michel Arslanian

Nas formas desses prédios	16
existe consolação,	15
aconchego, bênção	14
ou sinuoso remédio?	13
O campanário espetado	12
à frente da Catedral	11
(nunca lhe ouvi os badalos)	10
soará mais modernas	09
a missa e a reza?	08 SQN
O Eixo Monumental	07
faz jus às linhas curvas,	06
ou é truque da arquitetura	05
o risco longo da reta?	04
Esses arcos, esses ângulos	03
sustentam o corpo de fato	02
sem enterrar mais a alma?	01

Nada é moderno, pressinto,
nas filas da Rodoviária
em que as gentes passageiras
têm calvário e encruzilhada.
O que bem mais interessa
não são as asas, os mármores,
o gramado sempre sedento
da capital seca e no centro: SQS
é o dia e a noite que exibem
sombras, poderes e áreas,
superquadras e letras esparsas
arremessadas no espaço.
Não é o certo do Plano,
mas o foco discreto que ensina
a mostrar o mesmo instante
em que a luz é fotografia.

O VÁLIDO PALIMPSESTO

para Nelson Ascher

Qualquer idioma esgarça
os confins do território
onde quem o fala abraça
todos os tempos verbais

dos fatos e da memória
e culpa seus ancestrais
por alguma falta ou lapso
transformado em cicatriz.

No seu caso, o que norteia
fincou-se bem mais a Leste,
e em parte alguma nasceste:
firmou-se em segunda mão

o válido palimpsesto
com algo de sol no estilo
do poema que surgiu.
Cabe agora traduzi-lo.

CAMINHOS DO MAPA

para Pedro de Castro da Cunha e Menezes

É como a teia vivíssima
– e dentro dela se caça:
as cidades fazem trilhas,
as trilhas fazem cidades.

Depois é lançar à sorte
o bote à praia na Austrália:
transcarioca paisagem
na floresta que transborda.

Caminhar por dentro e fora
no esgar de um fim de semana:
alma que o corpo comanda,
corpo que a alma elabora.

Repelir a capital,
buscar a rua espontânea.
E abrir o mapa da esquina
momentânea, litorânea.

AMIZADE-ALVOROÇO

para Roberto Doring

Parece justo (eu lhe pergunto)
querer Monarquia aqui
e amplamente passear
por aleias tão bem desenhadas
na *République* de lá?
Não lhe parece sensato
prostrar-se a todos os deuses
sincréticos, enviesados, todos eles
trazidos à força e aqui bem semeados,
em vez de nunca esquecer
(mesmo quando a Bossa Nova soa)
os vagidos da *Fille aînée*?
Faço as perguntas – e as demais –
em franca fraternidade, sabendo que
não lhe interessam polainas nem reverências
e sim acordar toda manhã
com febre de *citoyen*.

Por isso mesmo o convido
a novo, irônico almoço
sem carroças nem caroço:
essa amizade-alvoroço
onde roça a provocação
da conversa que se prolonga
até chegar, no fim do dia,
à nossa mesma Bastilha.

POEMA DE MUITAS FACES

para Silviano Santiago

Todas as noites são pardas,
disse o gato.
Um cordão umbilical
alimenta a verdade com mentira,
uma ração que não saciará.

Assim eu fico nesse continente
onde os trópicos são um tropo
um tropeço
e todos os anônimos querem ter endereço.

Bala perdida do olhar
que me alcançou:
às vezes me pergunto
se vale mesmo interpretar.

Confinado e de cócoras
em meu país
(cuja solidão precisa ser estudada),
quem desiste de escrever?

A mesma história me conforta:
nas suas malhas me esparramo,
preso ao sonho, mas tramando
um outro sonho em liberdade.

Não sei se mereço heranças,
eu que pretendo um *alter ego*
à altura
da minha perdição:

e estou aqui (sendo quem sou),
ainda corrigindo o meu rascunho.
Se minha memória falhar,
tanto melhor.

ASSIM O VEJO

para Sylvio Back

A luz certeira, a luz que escalda
o visível e o invisível: lance maior
a projetar aos olhos nus
o seu discurso em tela grande.

Olhos nus e corpos nus:
forte quermesse de quem quiser
entrar e se fartar, e a quem vier
de vez ou de viés a essa errância

que Eros provocou com sua flecha
na pele onde a ferida nunca fecha.
Agora se percebe o seu enredo:
o cineasta de palavra em palavra,

o poeta gritando ação para quem passa.
Assim assisto, assim o vejo: cabelos
soltos, pois a vida sopra,
e a obra amarrada ao seu desejo.

Os poemas "Max Brod Interroga" e "Montaigne e La Boétie" foram originalmente publicados no suplemento Ilustríssima, Folha de S. Paulo, 16 de fevereiro de 2020.

Os poemas "De Amicitia" e "Assim o Vejo" foram originalmente publicados em agosto de 2020 na revista eletrônica Mallarmagens (http://www.mallarmargens.com/2020/08/o-verbo-em-chiaroscuro-quatro-poemas.html)

O "Poema de Muitas Faces" e "O Lance" foram originalmente publicados na revista Piauí, edição de outubro de 2020.

Livros do autor:

Poesia
Ou vice-versa (1986)
Atrito (1992)
Estante (1997)
Em seu lugar (2005)
A mesma coisa (2012)
O mundo à solta (2014)
Taturana (2015)
O rugido do sol (2018)

Crítica literária
A escola da sedução (1991)
A próxima leitura (2002)
Esta poesia e mais outra (2010)

Ensaios
Curvas, ladeiras – Bairro de Santa Teresa (1998)
Visibilidade (2000)

Traduções
Louise Labé – *Amor e loucura* (1995)
Basil Bunting – *Briggflatts* (2016)